走遍世界
很简单

ZOUBIAN SHIJIE HENJIANDAN

瑞典大探秘

RUIDIAN DATANMI

知识达人 编著

成都地图出版社

图书在版编目（CIP）数据

瑞典大探秘 / 知识达人编著 . — 成都 : 成都地图
出版社 , 2017.1（2022.5 重印）
（走遍世界很简单）
ISBN 978-7-5557-0411-9

Ⅰ . ①瑞… Ⅱ . ①知… Ⅲ . ①瑞典—概况 Ⅳ .
① K953.2

中国版本图书馆 CIP 数据核字 (2016) 第 211448 号

走遍世界很简单——瑞典大探秘

责任编辑： 张　忠
封面设计： 纸上魔方

出版发行： 成都地图出版社
地　　址： 成都市龙泉驿区建设路 2 号
邮政编码： 610100
电　　话： 028－84884826（营销部）
传　　真： 028－84884820

印　　刷： 三河市人民印务有限公司
（如发现印装质量问题，影响阅读，请与印刷厂商联系调换）

开　　本： 710mm×1000mm　1/16
印　　张： 8　　　　　　　　**字　　数：** 160 千字
版　　次： 2017 年 1 月第 1 版　**印　　次：** 2022 年 5 月第 5 次印刷
书　　号： ISBN 978-7-5557-0411-9
定　　价： 38.00 元

前　言

　　美丽的大千世界带给我们无限精彩的同时，也让我们产生很多疑问：世界上到底有多少个国家？美国到底在什么地方？为什么奥地利有那么多知名的音乐家？为什么丹麦被称为"童话之乡"？……相信这些问题经常会萦绕在小读者的脑海中。

　　为了解答这些问题，我们精心编写了这套《走遍世界很简单》系列丛书，里面蕴含了世界各国丰富的自然、地理、历史以及人文等社会科学知识，充满了趣味性和可读性，力求让小读者掌握最全面、最准确的知识。

　　本系列丛书人物对话生动有趣，文字浅显易懂，并配有精美的插图，是一套能开拓孩子视野、帮助孩子增长知识的丛书。现在，就让我们打开这套丛书，开始奇特的环球旅行吧！

大胡子叔叔

　　詹姆斯·肖，美国人，是位不折不扣的旅行家和探险家，足迹遍布世界各地。因为有着与肯德基爷爷一样浓密的胡子，所以被孩子们亲切地称为"大胡子叔叔"。

吉　米

　　10岁的美国男孩，跟随在大使馆工作的父母居住在中国，是大胡子叔叔的亲侄子。他活泼好动，古灵精怪，对世界充满好奇。

映　真

　　11岁的韩国男孩，他汉语说得不好，但英语说得很流利。他性格沉稳，遇事临危不乱。

花　花

　　10岁的中国女孩，有一点点任性和霸道。她的父母与映真的父母是很要好的朋友。

目录

引言

　　大胡子叔叔难得有时间，正对着镜子
整理他的大胡子呢。突然，听到屋子外面叽
　　叽喳喳的声音，他一猜就知道
　　　是吉米、映真和花花
　　　在商量着什么事情

1

呢，十有八九又是想让他带着出去旅游了。

　　阳光从窗户里透进来，刚好照到了墙上挂着的世界地图上，大胡子叔叔看了一眼，一束阳光刚好照到了瑞典，这个北欧国家。大胡子叔叔心里有了主意，那就带他们去瑞典吧！

"别在外面叽叽喳喳的了，都进来，我有事情要和你们说。"大胡子叔叔朝着门外喊了一声。

果然，门被砰的一声打开了，冲在最前面的是吉米，估计他也知道可能是大胡子叔叔又有了新的旅行计划，后面跟着进来的是映真，最后进来的是花花。

"你们几个人真是爱热闹，好不容易有点时间安静一下，你们又待不住，是不是又想出去了？"大胡子叔叔装作很严厉的样子，吉米、映真和花花几乎是同时点了点头。

既然这样，我就带你们去一个地方，一个"安宁的王国"。大胡子叔叔一说到这里，三个人都愣住了，没听明白。

"我想带你们去瑞典，一个北欧的国家，它的名字在瑞典语里的意思就是'安宁的王国'。"大胡子叔叔这么一说，三个人才明白了。听到这个好消息，三个人可高兴坏了。

　　"我曾经带你们去过意大利，我们感受过威尼斯的魅力，而瑞典的首都斯德哥尔摩被称为"北方威尼斯"，也是一个特别有魅力的城市。此外，瑞典也有很多古老的建筑，特别有名气。"大胡子叔叔说完这句话，终于把胡子整理得满意了。

　　"好呀，真是太好了，我都恨不得现在就在瑞典了！"花花拍着双手，已经开始幻想接下来的美好旅程了，吉米和映真也随声附和。

　　大胡子叔叔告诉吉米、映真和花花，他们去的第一站就是瑞典的首都，有"北方威尼斯"之称的斯德哥尔摩。随后，他就让大家赶紧准备一下，他们很快就要往机场赶了。

　　吉米、映真和花花听到这个好消息，立马跑得没了踪影，都回到自己的房间，收拾好自己要带的东西，就等出发了。

　　瑞典，我们来了！斯德哥尔摩，我们来了！

第1章　探访"北方威尼斯"

　　坐在飞机上，吉米、映真和花花闲不住，不停地往外看蓝天白云，心情特别好，而这时候的大胡子叔叔正在睡觉呢。

　　飞机快要降落的时候，吉米、映真和花花惊呆了，呈现在

他们眼前的是一个特别漂亮的城市。有十几座大的岛屿，有数不清的桥梁将这些岛屿连接到一起，各种精美的建筑坐落在岛屿上，再加上美丽的海水，简直是人间仙境呀！

下了飞机，找到了酒店住下来，吉米、映真和花花还不觉得累，因为已经来到了斯德哥尔摩，他们又在飞机上看到了这么漂亮的城市，就特别想多了解一下斯德哥尔摩的历史。于是，三个人找到了大胡子叔叔，非要他给大家讲一下斯德哥尔摩的事情。

大胡子叔叔告诉他们，斯德哥尔摩正好处在波罗的海和梅拉伦湖交汇的地方，也算是梅拉伦湖的入海口，相当于是建在水上的城市，于是就有了"北方威尼斯"的称呼了。

　　吉米、映真和花花现在才明白，原来大胡子叔叔说的"北方威尼斯"是这么来的呀！

　　"那斯德哥尔摩这个名字是怎么来的呢？"吉米开始对这个名字感兴趣了。

　　大胡子叔叔告诉他们，在13世纪的时候，这个地方海盗很多，当地的人们经常被海盗抢劫，他们为了更好地保护自己，就在梅拉伦湖入海口的一个岛上用巨大的木头修建了一座城堡，并且在附近设置了很多的木桩作为障碍，这一招还确实管用，以后就很少被海盗骚扰了。看到这个办法管用，越来越多的人开始来到这里，修建同样的木头城堡，就渐渐形成了规模。

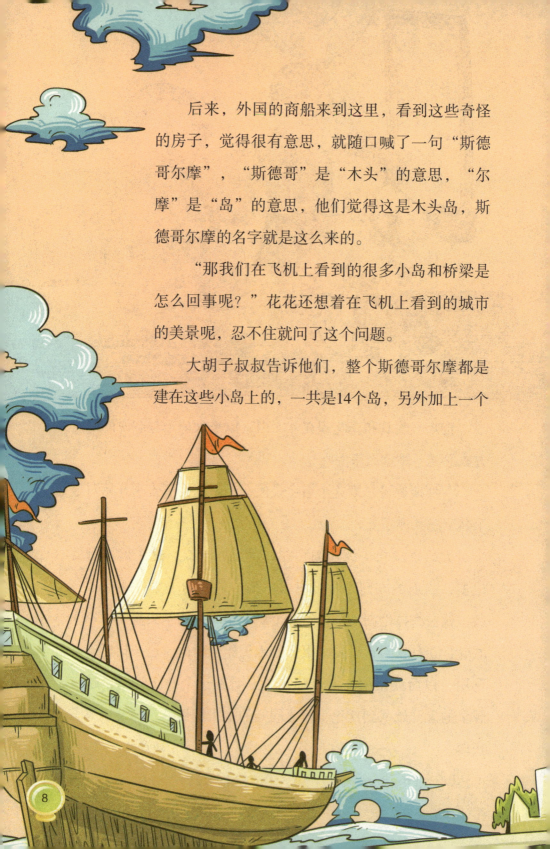

后来，外国的商船来到这里，看到这些奇怪的房子，觉得很有意思，就随口喊了一句"斯德哥尔摩"，"斯德哥"是"木头"的意思，"尔摩"是"岛"的意思，他们觉得这是木头岛，斯德哥尔摩的名字就是这么来的。

"那我们在飞机上看到的很多小岛和桥梁是怎么回事呢？"花花还想着在飞机上看到的城市的美景呢，忍不住就问了这个问题。

大胡子叔叔告诉他们，整个斯德哥尔摩都是建在这些小岛上的，一共是14个岛，另外加上一个半岛，然后又建了70多座桥梁，将这些岛连为一体，就成了一个完整的斯德哥尔摩。在斯德哥尔摩市内，到处都是水，也比较适合行船，这一点是和威尼斯特别相似的，这也是"北方威尼斯"的由来。

"既然这里很多都是木头房子，有这么古老的历史，那么这是一座古老的城市？"一直在旁边认真听着的映真更关心这个城市的发展。

大胡子叔叔告诉他们，斯德哥尔摩气候比较好，环境也非常优美，早在1436年就被确定为都城了，后来不断发展壮大，现在已经是斯堪的纳维亚半岛上最大的城市了。但是，这里既有古老的老城区，保持着古老的风貌，也有现代化的新城区，到处是高楼大厦。可以说，这是

一座既古老又现代的城市，有它自己独特的美。

听到大胡子叔叔这么说，想到在飞机上看到的美景，吉米、映真和花花内心深处的好奇心已经发芽了，他们更想尽快地感受这座城市的独特魅力了。

大胡子叔叔告诉吉米、映真和花花，瑞典是一个"安宁的王国"，斯德哥尔摩是一个"和平的城市"。但是人们为什么这么称呼，吉米、映真和花花却不是很了解，脸上有了一点疑惑的表情。看到他们脸上的疑惑，大胡子叔叔告诉他们，200多年来，瑞典一直没有发生战争，即便是两次世界大战，瑞典也宣布自己是中立国，没有受到影响。人们一直生活得很安宁，因此瑞典才被称为"安宁的王国"，斯德哥尔摩也被称为"和平的城市"。

　　"哦，原来是这样呀。"吉米、映真和花花听完后都点了点头，终于知道这些称呼的来历了。他们觉得这里的人们真幸福，一直这么安静地生活，这个城市肯定也有它独到的地方，更应该好好亲身去感受一下了。

　　来到了著名的旅游胜地，又了解了这么多关于斯德哥尔摩的知识，让吉米、映真和花花对接下来的行程有了更大的期待。

吉米、映真和花花还是这么有兴致，但是大胡子叔叔已经累了，于是他就让三个小家伙赶紧回去休息，休息好了，有精神了，再准备开始新的旅行，好好感受斯德哥尔摩的美丽。听到大胡子叔叔的安排，三个孩子有些不情愿地回到了自己的房间。

他们很快进入了梦乡，在梦里，他们正走在斯德哥尔摩的大街上……

瑞典最耀眼的"明珠"

斯德哥尔摩——瑞典的首都，著名的旅游城市，也是瑞典最大的城市。位于瑞典东海岸，梅拉伦湖的入海处，濒临波罗的海。整个城市分布在十几个岛屿和半岛上，岛屿之间都用桥梁连接，被称为"北方威尼斯"。

这里有瑞典国会和皇宫宫殿及其他著名的旅游景点，游客络绎不绝。城市里有上千家餐厅和很多的高档商场。

此外，斯德哥尔摩还是诺贝尔的故乡，每年都在市政厅举行隆重的诺贝尔奖颁奖仪式，使得这座城市更加有名。

第2章　热闹的塞尔格尔广场

　　休息了一晚上，第二天一大早，吉米、映真和花花早早来到了大胡子叔叔的房间，等着大胡子叔叔的安排。大胡子叔叔看到他们三个这么迫切的眼神，觉得首先

要让他们感受一下斯德哥尔摩大街上的热闹，于是就决定先带他们去市中心的塞尔格尔广场，那里可是交通要道，也是众人聚集的地方。

就这样，大胡子叔叔带着吉米、映真和花花出发了。在地铁上，大胡子叔叔告诉他们，斯德哥尔摩虽然有水，但是它和威尼斯在交通方面还是不同的，威尼斯的交通工具是船，而斯德哥尔摩则以地下铁路为主。

"这里这么多的小岛，地下铁路是怎么连接起来的呢？"花花有点惊讶，觉得这么多岛要连接起来，肯定是难度非常大的。

吉米、映真和花花觉得真是不可思议，没想到斯德哥尔摩的地铁还这么出名呢！

大胡子叔叔说，斯德哥尔摩修建地下铁路确实难度很大，因为它们要连接很多岛，必须要穿过海底，但是这里的人们克服了困难，将地铁修得四通八达。大胡子叔叔指着车站上那些不同风格的艺术品告诉他们，斯德哥尔摩的地铁总长度达到了108千米，车站有99个，其中的47个车站都有各种艺术家的艺术品作装饰，也正是因为这样，斯德哥尔摩的地铁被称为"世界上最长的地下艺术长廊"。

"你们知道我要带你们去的地方为什么叫塞尔格尔广场吗？"大胡子叔叔这个问题还真把三个孩子给难住了，他们

怎么会知道这些呢！大胡子叔叔呵呵笑了起来，"这是因为瑞典有个有名的雕塑家叫塞尔格尔，他的工作室曾经就在这个广场附近，为了纪念他，这个广场就叫塞尔格尔广场了。"吉米、映真和花花听大胡子叔叔这么说才明白了广场名字的来历。

说着说着，很快就到站了，出了地铁站，展现在眼前的是一派熙熙攘攘的热闹景象。

他们站的地方是一个低处的平地，地面都是用黑白相间的地砖铺设的，地面图案比较简单，都是些黑白相间的三角形。

"这里肯定就是塞尔格尔广

场了吧？看这里这么多人，肯定是！"吉米特别肯定地说出了自己的判断。

　　大胡子叔叔指着东边一个大柱子的方向，说那里才是塞尔格尔广场呢。顺着大胡子叔叔指的方向看过去，那里有喷泉，还有一根大柱子。广场到底有多大，他们在低处，现在还看不清楚。三个孩子已经等不及了，往广场快步走去。

　　到了广场上，看见有很多人，特别热闹，广场很宽阔。最吸引人的是广场中心喷泉池里的一根大柱子，这根大柱子有三四十米高，在阳光的照射下，特别漂亮，特别显眼。吉米、映真和花花都对这根大柱子产生了兴趣。大胡子叔叔告诉他们，1974年的时

候，瑞典的艺术家制作了很多"直立水晶"，这根大柱子就是由这样的玻璃组成的，总共用了8万多块，是一件精美的艺术品。现在是白天，晚上有灯光的时候会更漂亮。

　　大家正在讨论的时候，突然听到了优美的音乐声，乐队应该就在附近的，但是吉米、映真和花花找了一圈也没有看到在哪里。大胡子叔叔看到这个情况，呵呵笑了起来，告诉他们，音乐声来自附近的过街天桥上。

　　大胡子叔叔带着吉米、映真和花花，登上了一个过街天桥，站在天桥上，视野非常开阔，整个广场都尽收眼底。大胡子叔叔告诉他们，这里经常有各种乐队演出，音乐飘在整个广场上空，可以给这里的人们带来美好的享受。此时，一支乐队正在非常投入地演出，这么优美的音乐，确实是很不错的享受。演奏者在给别人带去欢乐的同时，自己也感到快乐。

　　塞尔格尔广场周围都是繁华的商业街，这里有各种商店、餐厅等，精美的礼品、美味的食物都让人们难以抵抗。在天桥上聆听了优美的音乐，大胡子叔叔带着吉米、映真和花花去逛附近的商业街了，赶巧的是他们还见到了附近一条大街上竖立的塞尔格尔的雕像，也算是见到了这位雕塑家的真容了。

　　很快就到中午了，大胡子叔叔决定带他们去吃美食，这是三个孩子最感兴趣的事了，听到这个消息，他们都高兴得手舞足蹈地享用美餐去了。

第3章　斯德哥尔摩大教堂

　　吃过晚饭，吉米、映真和花花围着大胡子叔叔，又让他讲有意思的故事，大胡子叔叔被他们缠得实在是没有办法了，就

决定告诉他们明天的去处。

"你们喜欢木雕和油画吗？"大胡子叔叔刚说完，吉米就说他曾经学过木雕，但是那个难度太大了，后来就没坚持。映真和花花也表示他们画过油画，但是画得自己都不忍心看。

大胡子叔叔听完他们的话，哈哈大笑起来，告诉他们明天就带他们去一个地方，那里有特别棒的木雕和油画，三个孩子听后非常高兴，都乖乖回去休息了。

第二天，吉米、映真和花花跟着大胡子叔叔来到了一个地方，展现在他们面前的是一座并不宏伟的建筑，看上去普普通通的，孩子们不免有点失望。大胡子叔叔看到他们的表情，知道他们心里在想什么，没说话，只是笑笑，说这就是斯德哥尔

摩大教堂，已经有700多年的历史了。说完就带着他们进去了。

　　"大胡子叔叔，给我们讲一下这个教堂的历史吧。"大胡子叔叔告诉他们，斯德哥尔摩城市的设计者设计了这座教堂，建成后不久就因为一次火灾被烧毁了，后来，1306年又在原来的地方完成了重建。

　　说完这个，大胡子叔叔带着他们来到了一座巨大的木雕前面，告诉他们这就是非常有名的圣乔治屠龙木雕。这座木雕特别漂亮，而且非常精美，孩子们刚才失望的表情早就没有了，有的只是惊喜。

　　大胡子叔叔告诉他们，关于这个木雕还有一个美丽的传说呢。在很早的时候，有一个古堡堡主的女儿非常美丽善良，一条恶龙知道了，就让堡主把女儿当作祭品献给它，堡主没有办

法，只能照办。就在恶龙要接受"祭品"的时候，上帝的圣骑士圣乔治突然出现，经过搏斗，他杀死了恶龙，人们为了纪念他，就刻了这个木雕。

听完整个故事，再看这个木雕，给人感觉特别有力量。

接着，他们一行四人来到了一幅油画前，大胡子叔叔说这是著名的油画——《最后的审判》。油画是在1696年完成的，至今已有300多年了。油画刚开始的时候是放在这里的，后来被放到了瑞典王宫里。1697年王宫被大火夷为平地，这幅画却神奇地保存下来了，就又回到了这里并一直保存至今，再也没有离开过。

　　眼前的油画，虽然几百年了，但是依然能够感受到它的震撼，感受到它的沧桑，但更多的是油画本身的美感。

　　接着，大胡子叔叔给大家介绍另一幅著名的油画——《幻日》。传说1535年4月20日，在斯德哥尔摩的天空中出现了6个太阳，让当时的人们都以为世界末日到了，这幅画就是展现了当时的天空奇观。

　　这里的每一件作品都能让吉米、映真和花花感到震撼，非常不起眼的一个教堂里，没想到还保存着这么多精品呢！他们都目不转睛地看着这些传世之作，心里除

了震撼，就是赞叹。

他们看完了木雕和油画，又看了很多教堂里非常有名的珍藏品。有一个球形的烛台特别漂亮，世界各地的人都可以来到这里展示自己带来的白烛。

此外，在教堂的正面有一个很大的祭坛，是由银和乌木制成的，也特别精美，这是1650年当地的一个议员和妻子捐献的，也已经有400多年的历史了！

在教堂里，一左一右有两座王室宝座，宝座上有巨大的金色王冠，非常气派，这是王室成员参加教堂正式典礼的座位，是在1864年完成的，至今也已经100多年了。

一口气看了这么多精美的艺术品，吉米、映真和花花都感

觉自己的眼睛不够用了，只顾看，都来不及说话了。看到三个孩子看得这么专注，大胡子叔叔也很高兴，心想他们肯定是非常喜欢这些艺术品的。

等到几个人的情绪平静一些后，又观看了其他一些艺术品，虽然不是每一件都那么令人震撼，但是却都有很古老的历史，有深厚的文化底蕴。

刚到教堂的时候，看到外表平淡无奇，吉米、映真和花花还有一些遗憾，但是看完里面的艺术品以后，他们觉得今天真是来得太值了，没想到这里还有这么多令人震撼的艺术品，这让他们有点意外。吉米、映真和花花都感觉收获特别大，离开的时候，他们都是满脸笑容。

瑞典砖砌哥特式建筑的杰作

位于老城区的斯德哥尔摩大教堂，是一座非常有名且古老的教堂。这座教堂是瑞典砖砌哥特式建筑的杰作。整个教堂虽然显得低调，但是具有厚重的历史价值。此外，教堂里有很多精美的作品值得一看。最出名的是历代皇家骑士的勋章和圣乔治屠龙的精美木雕。徽章展现了瑞典历代皇家骑士的风采，被当地人视为一种极大的荣誉。而圣乔治屠龙的木雕则是北欧最大的木雕，其展现出的精湛雕刻技艺很有观赏价值。

第4章　　蓝色音乐厅

"你们喜欢听音乐吗？"大胡子叔叔的一句话让正在吵闹的吉米、映真和花花停了下来，都围到了大胡子叔叔的身边。

吉米说自己喜欢流行歌曲，映真说喜欢最纯粹的乡村音乐，花花则觉得上次在意大利听歌剧的经历很有意思。等几个孩子各自都说完了，大胡子叔叔表示要带他们去听音乐，也就是去一个音乐厅，不过这个音乐厅的名字还要暂时保密。这可让三个孩子有点郁闷了，他们很想提前知道基本情况，但是大胡子叔叔就是不说，他们也没有办法了。

　　第二天，大胡子叔叔带着大家出发了，很快就到了目的地。

　　吉米看到眼前的情景，还是觉得和想象中的不一样，眼前的建筑并不是很宏伟，而且小广场上都是水果摊，跟一个集市似的。映真和花花的感觉也差不多，缺少了那种庄严的

感觉。

大胡子叔叔告诉他们，这个广场的集市是斯德哥尔摩三个露天集市之一，非常有名的。他指着眼前的蓝色建筑说，这就是有名的斯德哥尔摩音乐厅，因为整栋楼都是蓝色的，所以又叫蓝色音乐厅。到这个时候，三个人才知道今天的目的地是哪里。

越过水果摊，走到建筑跟前的时候，才看清楚整栋建筑的外观。从正面看，非常简洁，十根巨大的石柱子从地面一直延伸到顶端。吉米突然对眼前的雕塑产生了兴趣，大胡子叔叔告

诉他们那是俄尔甫斯的雕像，俄尔甫斯是希腊神话传说中的歌手，雕塑手里的是竖琴。这一组雕像非常漂亮，是由著名的雕塑家米勒斯完成的。整个雕像和音乐厅的格调很搭配，显示出一种古朴典雅的美感。

大胡子叔叔带着吉米、映真和花花听了一场轻松的音乐会。走出来的时候，花花和映真还是有些疑问的，比如"这里就是以音乐闻名的吗？没感觉和别的地方有太大的不同呀？"

大胡子叔叔告诉他们，这里的音乐是非常好的，很多著名的音乐家都在这里演奏，更重要的是每年瑞典科学院都在这个音乐厅里颁发诺贝尔奖，这让它更加出名了。

听到大胡子叔叔这么说，他们才明白了，他们听过诺贝尔奖，在评奖的时候，全世界很多媒体都会报道。以前他们不知道是在哪里颁发，现在终于知道了！

12月10日是诺贝尔逝世纪念日，为了纪念他，从1901年开始，设立了诺贝尔奖。1926年建好音乐厅以后，每年的这一天，都会在斯德哥尔摩音乐厅里举行隆重的诺贝尔颁奖仪式。每到这一天，瑞典国王会亲自给每个诺贝尔奖获得者颁奖，这一惯例一直延续到现在。其实，斯德哥尔摩音乐厅就是专门为诺贝尔奖而建设的。

"那颁奖仪式是怎么进行的呢？"映真最关心这个问题，其实这也是吉米和花花非常想知道的问题。

大胡子叔叔告诉他们，颁奖仪式一般都是在下午4点进行。

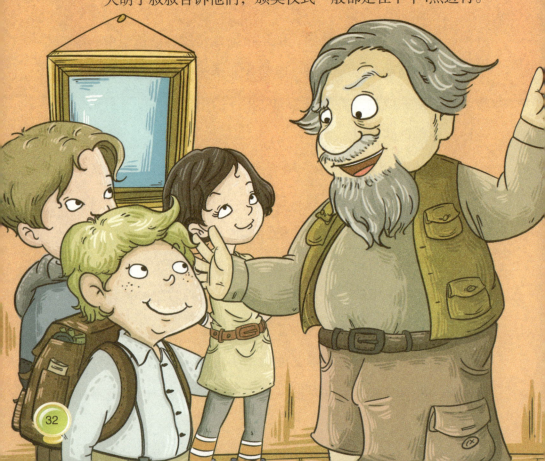

　　整个音乐厅给人庄严典雅的感觉，舞台正中间是诺贝尔的半身铜像，台上摆放着唐菖蒲和百合花，这些花是专门从意大利圣雷诺运来的，那是诺贝尔晚年生活的地方。

　　颁奖仪式开始，音乐响起，获奖者由瑞典女大学生带领着走上舞台，这时候，诺贝尔基金会主席发表致辞。接着，获奖者走到舞台中央，瑞典国王亲自为获奖者递上金质奖章和证书。最后，在瑞典国歌声中结束整个颁奖仪式。

　　大胡子叔叔在说这些的时候，他看到花花一直看着音乐厅，好像心里在想着什么事情，便问她在想什么。

　　花花说她听到这个过程就觉得特别激动，她以后要努力，争取也得诺贝尔奖。听到她这么说，吉米哈哈大笑，开始取笑起花花的梦想来了，而映真则鼓励花花只要努力，肯定会有收获的。

大胡子叔叔也鼓励花花，只要敢想，努力去做，肯定会成功的。大胡子叔叔说，今天带他们来看了诺贝尔颁奖的地方，以后有机会的话一定带他们去诺贝尔故居看一下，亲身感受一下他生活的地方是什么样子。

出了音乐厅，吉米都饿了，看到集市上都是各种各样的水果，就拉着映真和花花跑到水果摊前，选自己喜欢的水果去了。这一天不仅听了音乐会，还了解了诺贝尔奖的一些知识，真是收获不小呀！三个人一边吃着水果，一边跟着大胡子叔叔离开了。

第5章　瑞典民居聚集地

来到了斯德哥尔摩，大胡子叔叔一直想带着吉米、映真和花花去体验一下乡村的瑞典民居，那才是真正有瑞典风情的建筑呢。现在，那种完整的乡村民居已经很少了。突然，大胡子叔叔想起了一个地方，他们三个肯定会喜欢的。

于是，他把三个孩子喊到身边，告诉他们要去看乡村民居，孩子们对这个都很感兴趣，表示十分期待。

第二天，大胡子叔叔就带着他们去了斯德哥尔摩的吉尔卡登岛，三个人都很纳闷，为什么要去那里呢？大胡子叔叔告诉他们，在这个岛上有一个露天的博物馆，名叫斯堪森露天博物馆，里面最有名的就是农舍。

　　原来是这样呀，怪不得要去那里呢！三个人才明白大胡子叔叔的用意。

　　"这个博物馆是什么时候建成的呀？为什么会有露天的博物馆呢，听起来很奇怪。"吉米对这个博物馆很感兴趣。

　　大胡子叔叔告诉他们，斯堪森露天博物馆是一个名叫海责琉斯的人于1880年开始筹备建造的，1891年正式建成，建在吉尔卡登岛上。整个博物馆占地大约30公顷，这里最主要的就是从斯德哥尔摩旧市区

迁来的15栋店铺和手工作坊，以及从瑞典各地迁来的不同时期的农舍。这些农舍体现出不同时期普通瑞典民居的特色。另外，还建造了一些教堂、钟楼和风车等，都很漂亮。

听到大胡子叔叔这么说，三个孩子更期待尽快见到这些特色的店铺和农舍了。

快到吉尔卡登岛了，远远地就看到了岛上的一些风车，正吱悠悠地转着呢，给人一种安静祥和的感觉。风车旁边，有很多低矮的房子，那些就是独特的农舍了。看到这些，孩子们开始激动起来，恨不得马上就到农舍里体验一下。

　　到了岛上，大胡子叔叔首先带着三个孩子观看农舍，这是博物馆的主体，也是最具特色的建筑。大胡子叔叔告诉他们，这里的农舍分为两种不同的类型，分别是来自南部地区和北部地区。同时，为了让人们更直观地感受各个时期的农舍特色，这些农舍迁来后都保留了原样。

　　他们走到农舍跟前，才发现它们都是木结构的，而且农舍里还生活着穿着民族传统服装的人，这里给人的感觉更像一个村落，而不是博物馆。大胡子叔叔告诉他们，这是为了让来参观的人更好地感受农舍生活，这些人都是工作人员。

　　听了大胡子叔叔的话，孩子们才明白了缘由，看来工作人员真是费心了！

　　孩子们一间一间地参观，这些农舍中的陈设也很有讲究，每间都不一样，通过了解才知道，这也是保持了原有的风貌。吉米、映真和花花第一次亲身感受了瑞典的农民生活，心里都很高兴。

　　他们不但参观了正房、储藏室、仓库等，也进了一些作坊，甚至还拿起院子里的农具观察起来。在一些酿造作坊里观看了工作人员的演示，孩子们觉得收获很大。

　　观看了农舍以后，大胡子叔叔又带着他们参观了老街道，这里也是按照旧市区建设的，为的是让参观者更好地感受旧市

区的时代风貌。这条老街道不但有农舍，还有各种生活作坊，甚至有古老的银行，还有博物馆创始人的旧居。

看得三个孩子眼花缭乱的，都很兴奋。看到三个孩子的兴致还这么高，大胡子叔叔又带着他们观看了其他地方，有领主的府邸，有采矿师的家，有军人的家，还有樵夫的小木屋等。每个地方都给人不一样的感觉，这是让吉米、映真和花花感觉最神奇的地方。

最后，他们参观了一座教堂，这座教堂很古老，规模很小，但是也已经有300年的历史了，教堂内古老的时钟和风琴

给人一种庄严的感觉。大胡子叔叔告诉他们，有些年轻人会选择在这里举行婚礼呢！遗憾的是今天没有，要不然可以观看一场古老的婚礼盛典了。

在参观各种手工作坊的时候，吉米、映真和花花不但品尝了美食，还学会了几种工艺品的制作，看着自己的劳动成果，他们觉得特别有意义。

　　在回去的路上，大胡子叔叔告诉他们，博物馆还有露天剧场、游乐场、儿童乐园、餐厅等各种设施，一到节假日，这里就是热闹的大集会，有各种音乐会、戏剧演出，有时候还举办各种民俗活动，可以说是一个欢乐的小岛。

　　听到大胡子叔叔这么说，他们想想就觉得特别兴奋，虽然没有赶上这样的热闹场景，但是今天已经让他们非常高兴了，大家欢欢喜喜地离开了。

第6章　　北欧博物馆

　　“还记得我带你们去看过的瑞典农舍吗？”大胡子叔叔的话让吉米、映真和花花有点摸不着头脑，他们肯定记得，而且印象还特别深刻呢。大胡子叔叔笑着说要带他们去看一看瑞典人的生活实景。

三个孩子早就想了解了，刚好有这样的机会，那真是太好了。于是，吉米、映真和花花马上跟着大胡子叔叔出发了。

　　"就是这里了，这里就是北欧博物馆，是展示瑞典人生活实景的博物馆。"随着大胡子叔叔的话，展现在他们面前的是一座宏大的建筑。整个建筑高大壮观，前面还有一个几米高的雕塑，是一个人骑着一匹大马，看着特别威武。他们觉得在这座外观漂亮的建筑物里一定有他们感兴趣的东西，就迫不及待走进去了。

　　一进大门，就看到一尊坐着的国王雕像。接着，大胡子叔

叔带着他们进了右边的一个小厅里，原来是博物馆的介绍。

　　大胡子叔叔看过介绍以后告诉他们，这个博物馆和他们之前看过的露天博物馆都是由赫赛里乌斯建造的，北欧博物馆是1907年建成的。整个博物馆分为四层，第一层主要是与农牧业有关的实物；第二层展示各地与风俗有关的物品和家具；第三层比较杂，有乐器、木偶、玩具等；第四层主要是各个时代的各式家具。三个孩子听完以后，对整个博物馆有了大体的了解。

　　孩子们对于农牧业和风俗相关的物品不是很感兴趣，所以在第一层和第二层的时间很短，很快就跑到了第三层。

　　吉米首先看到了一顶特别漂亮的帽子，帽子顶不是平

的，而是四角形的，四个角分散开来，看起来很漂亮，他都忍不住想戴上试试了。

在吉米看帽子的时候，映真则在看一双漂亮的鞋子。整个鞋子都是毛绒绒的，是完全用兽皮做的，不但暖和，而且做工特别精致，鞋子的前头还有一个向上弯起来的钩，没想到古代人也这么有时尚感呢！

花花这个时候则在看各种漂亮的衣服，不但有外衣，还有内衣，她现在才了解到以前的内衣和现在的大不相同呢！一件毛坎肩吸引了花花的注意力，坎肩和花花的整套衣服搭配起来特别合拍，她也想有这么一件毛坎肩了。

　　吉米又有了新的发现，他看到了各种漂亮的汤匙，汤匙的把儿各种各样，都刻有精美的图案，要是能有这么一套汤匙，吃起饭来肯定会特别香吧。他对一个汤匙特别感兴趣，这个汤匙的把儿就是一个掐着腰的小人，小人很精美，栩栩如生，让他赞叹不已。

映真这时候正在看烟斗呢。各种各样的烟斗都有，有的烟斗很小，但是很精致；有的烟斗则是大得惊人，光是烟斗锅子就有一个圆盘那么大，他想这应该是艺术品，真实生活中怎么会有人用这么大的烟斗呢！

花花又转移战场了，她很喜欢中国的文房四宝，在这里看到各种各样写字的笔，她非常感兴趣，就仔细看起来，观察和中国的文房四宝有什么不同。别说，还真让她发现了。瑞典的笔大多是硬的，而且也没有中国的文房四宝那样成套的，这一点让她对文房四宝更感兴趣了。

最后，三个孩子都走到了玩具的展厅，这个是他们非常喜欢的，尤其是木马。这些形状不同、大小不一的木马让他们看得出神，好像是到现在才找到他们最想要的东西。这个时候，大胡子叔叔则在看相机，这些古老的相机让大胡子叔叔非常喜

欢。看完相机以后，大胡子叔叔又看了钟表，各种样式的钟表都做得很漂亮，每一个都是独特的，让人觉得特别神奇，好像是到了一个钟表的世界。

到了四楼，又是活泼的吉米最先有了发现，他找到了一把特别的椅子，赶紧招呼映真和花花过来看。这把椅子的椅背像是一个张开双臂的人，两只手环抱住了椅子。他们都觉得这个椅子非常有意思。

最后，大家到了展示瑞典国旗的展厅。这里展示了很多不同时期的瑞典国旗，结合国旗下面的介绍，可以很全面地了解瑞典国旗的变化，大胡子叔叔按照时间顺序讲解了国旗的变化，使他们对瑞典国旗有了更深入的了解。

　　走出博物馆，孩子们对瑞典普通人的生活有了更好的了解，这么壮观的博物馆里展示的都是普通的物品，这就更有意思了。他们这次的收获很大，一个个都很高兴。

第7章　王子故居的雕塑

　　"今天我要带你们去王子尤根故居花园看一看，那里非常漂亮，而且有很多的世界著名雕塑的青铜复制品，一定会让你们不虚此行的。"大胡子叔叔刚说完这句话，吉米、映真和花花就围到了大胡子叔叔身边，等着他下达出发的命令呢。大胡

子叔叔一声令下，他们就出发了。

目的地快到了，从远处看过去，整个花园建在波罗的海海边的小高地上，看起来非常漂亮。等到走近了，吉米、映真和花花才看到了故居花园的美。

站在宫殿前的小广场上，旁边有两个大花坛，吹着海风，给人很舒服的感觉。三个孩子被这里的美景吸引住了。

大胡子叔叔告诉他们，尤根王子非常有才华，斯德哥尔摩市政厅二楼的壁画就是他画的，只是他对艺术有很浓厚的兴趣，却对权势没有兴趣。他是一位艺术家，作为王子，他非常有钱，因此收集了很多艺

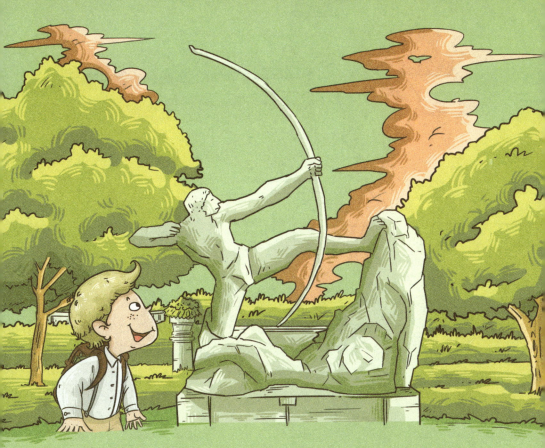

术品。现在，尤根王子收集的艺术品和他自己的一些作品都在
王子故居博物馆中展出。

　　从宫殿旁边走过去，他们在故居花园里到处走走，时不时
还能看到松鼠跑来跑去的，真是可爱呀！

　　突然，吉米看到了远处的雕塑，一个人跪着正在射箭呢。
他不知道这是什么雕塑，就问大胡子叔叔，大胡子叔叔解释说
雕塑名字叫"弓箭手赫拉克勒斯"，这是法国雕塑家布尔德尔
的代表作，雕塑中的人就是希腊神话中具有神力的赫拉克勒
斯。布尔德尔这个雕塑展现的就是英雄与力量的结合。

　　吉米、映真和花花仔细看了一下，雕塑中的人正在拉开

弓，好像箭马上就要射出去了，极富力量感。

　　过了一会儿，映真发现了一个雕塑："那个我认识，一定就是'思想者'吧！我从一些书上看到过这个雕塑。"映真指着远处的雕塑对吉米和花花说道。

　　等到了跟前，大家才看清楚，雕塑确实是一个正在思考的人。大胡子叔叔告诉吉米和花花，映真说对了，这就是罗丹非常有名的雕塑，名字就叫"思想者"。

　　雕塑中的人正在思考，看起来像是没有思考出答案，显得很痛苦，皱着眉头，用一只手托着腮，整个人是轻轻往前俯下身子去的，腿也是弯曲的。罗丹将人物内心的痛苦非常生动地表现出来了，而且具有强烈的艺术感染力，不愧是大师的作品！吉米、映真和花花都对这个雕塑作品称赞起来。

故居花园很大，到处都是绿草地和各种大树，给人非常安静祥和的感觉。

突然间，花花发现了一个奇特的雕塑，那个雕塑长着翅膀，但是没有头。怎么会有这么奇怪的雕塑呢？她的疑问都表现在脸上了，大胡子叔叔看到花花的表情就知道她肯定特别纳闷这个雕塑的样子。

于是，大胡子叔叔告诉他们，这个雕塑名字叫"萨莫色雷斯的胜利女神"，是法国卢浮宫的镇宫之宝，是稀世珍宝。这个雕塑是为了纪念古希腊萨莫色雷斯的国王德米特里打败埃及王托勒密的舰队而制作的。由于年代久远，雕塑的头部毁坏

了，但是整个雕塑非常震撼人，雕塑的底座就像是船，女神就像是从天而降，指挥军队打了大胜仗。

接着，大胡子叔叔带着吉米、映真和花花又看了其他很多有名的雕塑，光是这些雕塑的青铜复制品就让三个人觉得非常震撼。最后，大胡子叔叔带着吉米、映真和花花去了故居博物馆，仔细参观了里面王子珍藏的各种艺术品以及王子自己的作品。没想到在这里还能有这么多精美的艺术品，完全让他们三个人出乎意料呀。

一个不爱权势爱艺术的王子，收集了很多的艺术珍品，也创作了很多艺术品。人们为了纪念他，建造了这个故居花园，让更多的人来感受他的艺术气息，也是对瑞典传统艺术的保护和尊重。

从故居博物馆出来，走到海边上，看着海面上的船和对岸漂亮的建筑，有种特别清爽的感觉。吉米、映真和花花看到了那么多有名的雕塑，虽然是复制品，但是却非常精美、逼真。这一次，他们不但观赏了故居花园，而且了解了那么多著名雕塑的故事，收获颇丰。他们在回去的路上，心情特别好。

第8章 神圣的瑞典王宫

"赶快准备一下，我带你们去一个好玩的地方，那里非常神圣！"大胡子叔叔笑着对吉米、映真和花花说着，脸上一副神秘的表情。

听大胡子叔叔这么说，再加上看到他的表情，三个孩子觉得这个地方一定是特别好玩的！

很快就到了目的地，展现在他们面前的是一个方形的小城堡和一个很开阔的大广场。当大胡子叔叔告诉他们这就是非常有名的瑞典王宫的时候，他们都非常吃惊，同时也非常高兴，终于见到瑞典王宫了。

吉米、映真和花花这才注意到，广场上有很多的炮，看起来就和别的地方的炮特别不一样。正门前面还有两只大石狮子，张牙舞爪的，看着就有皇家的范儿。不但这样，门口还有不少站岗的士兵呢！只是站岗士兵的装束让他们觉得很新奇，

头上戴着的大帽子足有一尺多高，身上穿的衣服也像是古代的。

吉米、映真和花花把自己的疑问告诉了大胡子叔叔，大胡子叔叔听后哈哈大笑，称赞几个孩子观察得很细致，并且告诉他们那些站岗的士兵头戴的是红缨军帽，身穿的是中世纪的军服，这和王宫是很搭配的。听罢，他们三个满意地点了点头。

瑞典王宫建于公元17世纪，已经有400年的历史了，现在是国王办公的地方，很多重要的庆典也是在这里举行的。王宫现在也成为了一个著名的旅游景点，世界各地的人们都纷纷赶来参观。

吉米看到王宫的四壁上都是一些精美的浮雕，这让他非常惊讶，远远看起来很普通的墙壁，没想到还有这么精美的浮雕，真是太意外了！

走进王宫里，大厅非常宽阔，非常华丽，墙壁上挂着许多画像。吉米很好奇这些画像，就向大胡子叔叔请教。大胡子叔叔告诉他那是历代的国王和王后的画像。听到大胡子叔叔这么说，吉米就非常认真地一幅一幅看起来，他想看看历代的瑞典国王和王后都是什么样子的。看到吉米在认真看着什么，花花很好奇，走过去，和吉米一起看了起来。

正当吉米看得仔细的时候，映真突然喊了一声，声音不是很大，但是还是吸引了大胡子叔叔的注意。原来映真看到了穿顶那些精美的雕刻绘画，大胡子叔叔告诉他那些都是17世纪的艺术家的杰作，映真顾不上别的，抬着头仔细欣赏起来。

大胡子叔叔没想到他们对王宫这么感兴趣，这让他有点意外。看孩子们这么高兴，大胡子叔叔就带着他们去了好多地方，让他们更直观地感受一下王宫。

他们看了皇家寓所，了解了平时的国王和王后是怎么生活的。花花看到这里的时候，又开始做她的公主梦了，她幻想自己要是生活在王宫里那该多好呀！这个想法一说出来，就遭到了吉米的嘲笑，倒是映真没有说话，笑呵呵地看着他们两个

人争吵。

来到珍宝馆，三个人就被各种珍宝镇住了。吉米瞪着大眼睛，好像所有的宝贝都是他的似的，一会儿看这个，一会儿看那个，都看不过来了。映真和花花也是到处看看，感受着王宫珍宝的魅力。

他们又来到了皇家兵器馆，看了各个时期的兵器，还有古代的战车。最让他们感兴趣的是一个全身铜盔铁甲的古代骑士的模型，远远看去，就像是一个真正的士兵站在那里，制作得特别逼真。

走出王宫，刚好赶上王宫卫队的换岗仪式。只见远处走来整齐的士兵，当中还有军乐队正在奏乐，步伐都特别整齐。军乐队穿的都是白色的衣服，卫队则是蓝色的衣服。

军乐队首先到达，在旁边站定，依旧奏着音乐，卫队则走上前去，进行换岗。上岗的士兵笔直地站立着，而换下来的士兵则整齐地离开，最后是乐队奏着音乐离开。整个过程时间不是很长，但是给人非常庄严、威武的感觉。

看到庄严的换岗仪式，看到那些威武的士兵，吉米不淡定了，顿时就特别想当兵，觉得穿上军装特别威武，很神气。这个时候，花花也开始取笑吉米，两个人又开始拌嘴了。映真还是照例不说话，在旁边看着。大胡子叔叔看到这个场面，立刻喊着他们离开了，老拌嘴怎么行呢！

吉米、映真和花花不但看到了各种珍宝，感受了王宫的威严，还看到了换岗仪式，心情特别好，拌嘴只是一个小插曲罢了。

第9章 畅游皇后岛

"你们都过来，今天带你们去一个好玩的岛屿，岛屿的名字也很有意思，叫皇后岛。"大胡子叔叔这么一说，吉米、映真和花花就高兴了，光是听名字就觉得有意思。

在去皇后岛的路上，大胡子叔叔告诉他们，400多年前，瑞典当时的国王在这座岛上修建了一座宫殿，当时这座宫殿叫"石头房子"，因为国王特别喜欢这座宫殿，就像是喜爱王后一样，于是这里就叫皇后岛了。

"哦，原来是这样呀，没想到这个岛的名字还很有来历呢！"吉米、映真和花花听完都对这个岛有了更大的期待。

来到了岛上，大胡子叔叔一边走一边介绍，皇后岛现在是王室领地，整个岛的建设都深受法国凡尔赛宫的启发，因此这里也被称为"瑞典的凡尔赛"。并且，这里也是瑞典第一个被列入世界文化遗产名录的地方，很值得好好游览一番的。

听到大胡子叔叔这么说，吉米、映真和花花的情绪也被调动起来了，大家都很高兴，期待着能有愉快的旅程。

　　他们来到了一个花园里，这里面有各种各样的植物，也有很多精美的雕塑，走在这个花园里，给人一种轻松的感觉。吉米时不时停下来，仔细观察他感兴趣的各种植物，而映真和花花则对一些雕塑很感兴趣，他们觉得那才是应该重点关注的。看到三个孩子在大花园里玩得这么高兴，大胡子叔叔也不管他们了，自己欣赏起一个精美的雕塑来了。这个雕塑是一个喷水池，中间是一个很高的方形的台子，四周有四个人围着，顶上则是两个人在打架，一个人手持大棒正朝着坐在地上的人打过去，整个画面特别逼真、传神。

　　不久，他们来到了一片很壮观的建筑物面前，大胡子叔叔

告诉他们，这就是皇后岛宫，也是整个皇后岛的核心建筑，它在16世纪就建成了，但是后来的一场大火将这里焚毁。到了17世纪，瑞典当时最有名的建筑师尼克姆德斯父子花费了大量时间和心血，结合了瑞典民族的传统风格，也融入了当时欧洲一些别的国家的建筑风格艺术，重建了皇后岛宫，也就是现在的这组宏伟的建筑。

听到大胡子叔叔的介绍，吉米觉得皇后岛宫看起来更壮观、更震撼了。经历大火被焚毁，重建以后更显示出震撼人心的美。吉米又对站岗

　　的卫兵产生了兴趣，可能是见多了游人，对于他们的到来，卫兵一点反应都没有，依旧是站得笔直，一动不动，甚至都让人有点怀疑那也是雕塑了。想到这里，吉米哈哈大笑起来，引得映真和花花都看他，以为他抽风了呢。

　　看完了王室居住的地方，大胡子叔叔带着他们来到了一个叫"中国宫"的地方，这个"中国宫"是当时的国王为庆祝王后的生日而建的。花花看到"中国宫"以后略微有点失望，根本不是她想象的中国建筑的样子，倒有点像是中西融合的建筑，但是在这个地方，能看到有中国元素的建筑，花花还是非常高兴的。整个"中国宫"不高大，但是墙壁的颜色很炫目，各种雕塑都很精美。

　　进到里面以后，才感受到了中国元素，漂亮的屏风让花花很兴奋。吉米则将注意力集中到了象牙宝塔和宫灯上，并且在仔细观察。这个时候，映真看的则是文房四宝和茶具，两套清朝的衣服也引起了他的兴趣。大胡子叔叔则在认真看着四周墙壁上挂着的中国山水画，花鸟鱼虫都有，而且都比较精美，看得出来画师还是有一定水平的。

离开"中国宫"，他们来到了皇家剧院。远远看去，有一座四五米高的雕塑，一个强壮的男人望向远方，一只手臂高高抬起指向远方，给人一种特别的美感。大胡子叔叔告诉他们剧院于1766年建成，由于1792年瑞典国王在这里遇刺身亡，剧院就关闭了。1922年，经过整修，按照原样恢复了剧

院的摆设，又开始演出了。

　　离开的时候，他们又走到了王宫园林的大路上，两旁都是古老的树木，很多人在散步，旁边的湖水中野鸭子在嬉戏，有人走近的时候，它们就成群飞走了。虽然没有看过王室的人，但是能够在这么漂亮的岛上体验王宫的威严，欣赏美景和精美建筑，同时也感受一下古老王室的文化魅力，确实是难得的机会。

第10章　瓦萨的船文化

　　"你们都过来，咱们在瑞典也看了一些博物馆了，今天我带你们去一个特殊的博物馆，你们肯定会意想不到的。"大胡子叔叔一边说一边神秘地笑着，吉米、映真和花花虽然不知道去什么地方，但是看大胡子叔叔的表情就知道肯定是特别有意

思的地方。

在去的路上，大胡子叔叔告诉他们，他们要去的是瓦萨沉船博物馆，这个博物馆和其他博物馆都不同，因为它展示的就是一艘沉船，而没有别的东西。听到大胡子叔叔这么说，三个孩子也有了好奇心，他们想这艘船肯定也是有很大来头的，不然是不会专门为一艘船建一座博物馆的。带着期待的心情，他们跟着大胡子叔叔继续朝目的地进发。

到了目的地，展现在他们面前的就是一座像一艘船一样的建筑物，从建筑物的外形就可以看出这和船有关。吉米、映真和花花已经迫不及待地想要看到这艘船的真容了，就直接进到了博物馆里面。

展现在他们面前的是一艘巨大的战船，船上还有炮呢！虽然只是在博物馆里，但是看到它就能够想象它在海上的威武。三个人都有点被这个大家伙镇住了，一时竟不知道说什么好了，都感到非常震撼。

大胡子叔叔告诉他们，这是一艘古战船，是当时的瑞典国王古斯塔夫二世在1625年建造的。本来这艘船开始设计的是单层的炮舰，但是他了解到自己的强敌丹麦的战船是双层炮舰的时候，就觉得不能落后，也下令建造双层炮舰，但是当时瑞典的造船技术还达不到，国王却一意孤行，建造者没办法，只能按照国王的旨意办。

这艘船历经三年多的时间终于建成了，1628年8月10日，在古斯塔夫二世的命令下，这艘看起来威武雄壮的战船启航了，当时的民众也特意赶到了港口，都想亲眼目睹这个巨无霸的首航。但让所有人意想不到的是，战船航行了几百米，就摇晃了几下，在众人震惊的眼神中沉到了30多米深的海底。

1959年，瑞典开始打捞沉船，两年多以后，终于打捞出水。经过专家和技术人员的努力，运用现代化的各种技术手段，终于将打捞上来的船体部件和那些精美雕塑在经过技术处理以后，又重新放到了船上原来的位置，终于复原了沉船全貌。经过专家的建议，就在打捞沉船的地方建了个博物馆，既能很好地保护沉船，也便于展览，让人们更好地了解它。

吉米、映真和花花听到大胡子叔叔这么说，才知道这艘船是因为技术问题而失败的，他们原先还以为是一艘战功显赫的战船呢，真是让人意想不到！他们甚至能够想象到当时国王和

民众看到他们心目中的护国利器沉下去的时候是怎样的震惊和不可思议。

　　吉米、映真和花花一边看着，一边继续听大胡子叔叔介绍船的结构。大胡子叔叔说这艘船一共有5层甲板，64门大炮，桅杆下有一座巨大的金狮，看起来特别震撼。船尾也有一二十米高，上面有700多件精心雕刻的雕塑品，每一件都特别精

美。有骑马奔跑的骑士，有美丽的美人鱼，有正在战斗的士兵，也有各种神话里的人物，形形色色的精美雕塑，让人觉得整个博物馆金碧辉煌，华丽而威严。甚至让人觉得这简直是一件雕塑艺术品的集合体，而不是战船。

吉米、映真和花花走到了旁边的展览室，看到了当时从海底打捞上来的船上的东西，有船帆、大炮，有水手服，有各种工具，甚至还有金币和酒。吉米还发现了人的骨骼，那些骨骼属于当时的船员。这一下子让吉米的心情沉重了，原先的兴奋和高兴都一下子消失了，觉得这对船员来说太残酷了。

大胡子叔叔又带着他们到了"船上生活"展览室，那里有很多逼真的模型，展现当时船上船员们的生活：有的人在推磨，有的人在酿酒，有的人

在擦大炮，还有些军官正在喝酒，相互交谈，还有人在躺着睡觉……

虽然展现在面前的只是一艘船，但是他们感受到的却不仅仅是一艘船。他们了解了一段瑞典的历史，感受了瑞典当时高超的雕塑技艺，也体会到瑞典国王的强硬……

走出博物馆，沉船依旧让他们觉得震撼。它是一艘战船，更是一个艺术品，也是瑞典古老文化的载体。参观的时间很短，但是吉米、映真和花花的收获却很大，他们的感悟也很多。

第11章　威严的市政厅

　　"今天我要带你们去斯德哥尔摩市政厅，看一下它的美丽，也感受一下它的威严。"大胡子叔叔把吉米、映真和花花喊到自己的身边，告诉他们这一天的出游计划。

"市政厅是不是市政府的办公场所呀？"花花看着大胡子叔叔问起了这个问题。

"是呀，是市政委员会的办公场所，也是一座漂亮的建筑，是斯德哥尔摩的形象和代表，是一个很有名的地方！"大胡子叔叔答道。

"抓紧，咱们马上出发了！"说完这句话，大胡子叔叔就带着吉米、映真和花花上路了。

远远望去，在美丽的梅拉伦湖边上有一组建筑物，有一座高塔显得特别显眼。在碧绿湖水的映衬下，整体通红的外

观看起来特别漂亮。大胡子叔叔告诉他们那就是斯德哥尔摩市政厅。

走到市政厅前面，才感觉到它的壮观，市政厅整个外墙都是用红砖砌成的，而右侧的那座高塔，从近处感觉特别高。吉米、映真和花花看到这湖水、高塔、红墙，觉得就像是走到了特别美丽的童话世界中。

大胡子叔叔看着三个孩子还沉浸在对市政厅的美的感受中，就讲述了市政厅的来历：这个市政厅是由瑞典著名建筑师拉格纳尔·奥斯特伯格设计的，1911年开始建设，1913年正式启用，已经有

100年的历史了！

　　"你们看到的外墙上的红砖，当时总共用了800万块，而且它不是完全平铺上去的，而是高低错落的，这样就有了层次感，更美观。你们看到的那个高塔，上面有三个镀金王冠，代表瑞典、挪威和丹麦的友好，这座塔高106米，如果站到塔顶，是能够看到整个斯德哥尔摩的城市风光的。"大胡子叔叔又给他们介绍了市政厅的外观和高塔的情况，让他们对市政厅多一些了解。

　　接着，一行人来到了一层的宴会厅。大胡子叔叔介绍说，每年的诺贝尔奖获得者都会在领奖以后来到这里，瑞典国王和王后会在这个宴会厅里为诺贝尔奖获得者举行盛大的宴会。这里也因此而更加出名，是很多科学家梦寐以求的地方，他们也希望自己能够有机会在这里参加宴会，那是一种荣耀。

他们到了另一个大厅里，一进去，就感觉金碧辉煌的。在灯光照射下，像是走进了神话世界里，真是太漂亮了！大胡子叔叔说这里被称作"金厅"，这些墙壁是用了大约1800万块一厘米大小的金子镶贴上去的。听到这，吉米、映真和花花都觉得这真是名副其实的"金厅"！

"那得用多少金子呀！真是太不可思议了！"三个孩子感叹道。大胡子叔叔告诉他们，其实整个"金厅"用的金子并不是特别多，是在两片玻璃之间夹上非常薄的金箔，总共只用了几十斤。吉米、映真和花花听到用这么少的金子能装饰出这么好的效果，全都赞叹这种做法非常有创意。

　　"金厅"里最漂亮的要数用各种彩色的玻璃组合成的壁画，三个孩子看了旁边的壁画，觉得特别精致，尤其是正中间的梅拉伦湖女神壁画，更是光彩夺目。而这正是市政厅的"镇厅之宝"。

　　看完宴会厅以后，他们来到了二层的议会大厅。吉米进来以后发现了大厅内船型的屋

顶，他觉得这个屋顶特别漂亮。大胡子叔叔告诉他们，当时设计师并不是设计成这个样子的，只是快完工的时候发现屋顶还没有封顶，看上去就像是一艘倒扣过来的船，于是设计师就突发奇想，又在屋顶上绘上了星星、太阳和月亮等，也成就了这个议会大厅最特色的设计。

接下来，大胡子叔叔带着他们看了一个更为神圣的地方，那就是结婚登记厅。这里虽然不豪华，但因为是结婚登记的地方，人们对这里都特别尊重，觉得这里是最神圣的地方，而他们在这里领到的也不仅仅是结婚证，更是对未来生活的向往。

结束了斯德哥尔摩市政厅的行程，离开的时候，走到远处，几个人回头望向市政厅，他们眼里看到的只是阳光下耀眼的红砖墙和闪闪发光的金顶，有着非常震撼的视觉效果，这让他们从另一个角度感受了斯德哥尔摩市政厅的庄严和美丽。

瑞典人心中重要的地方

斯德哥尔摩市政厅于1911年开始建设，1923年完成，历时12年。市政厅两面临水，高大的塔楼显得威武而漂亮。

市政厅由瑞典著名建筑师拉格纳尔·奥斯特伯格设计，周围有大广场，花草树木、喷泉点缀其间。这里有著名的宴会厅，每年会在这里宴请诺贝尔奖的获奖者。

此外，这里还有结婚登记厅，是瑞典新人幸福的起点。因此，市政厅在瑞典人心目中有着难以替代的位置，也因此成为瑞典人心中重要的地方。

第12章　幽静的诺贝尔故居

吉米、映真和花花一直有几个问题：已经好几次提到了诺贝尔，他到底是一个什么样的人？为什么会有这么大的影响力？这些问题他们都不是特别了解，于是就跑去问大胡子叔叔。

大胡子叔叔听到他们的问题后，呵呵笑了起来，他知道已经好几次接触到了诺贝尔，三个爱思考的孩子肯定会有不少问题，于是就决定带他们去诺贝尔故居看看，顺便给他们讲一下关于诺贝尔的故事。由于诺贝尔故居路程比较远，大胡子叔叔就让大家提前做好准备，准备妥当之后才出发。

　　在去诺贝尔故居的路上，大胡子叔叔给吉米、映真和花花讲了关于诺贝尔的故事。他们都听得非常认真，都希望从大胡子叔叔的口中了解到更多关于诺贝尔的知识。

　　大胡子叔叔说："诺贝尔1883年出生在斯德哥

诺贝尔

尔摩。诺贝尔的父亲是发明家，受父亲的影响，他也成了有名的发明家，一生的发明专利有350多项，而其中最著名的发明就是炸药，因此他也被称为'炸药大王'。后来，他又有了许多发明，积累了大量财富。"

"1896年，诺贝尔被多种疾病折磨，在同疾病斗争很长时间后逝世。为了更好推动科学研究的发展，造福人类，诺贝尔留下了遗嘱，他表示要把自己的财富作为奖励科学工作者的基金，以鼓励更多的人热爱科学，推动科学发展。他逝世后，人们为了纪念他，设立了物理、化学、生理或医药、文学、和平5种奖项，这就是所谓的诺贝尔奖。"

听完大胡子叔叔的话，三个人对诺贝尔有了全新的认识，同时也对诺贝尔奖有了更详细的了解。有了这些新的认

识，吉米、映真和花花对诺贝尔故居也产生了很大的好奇，好奇心让他们有了更大的期待。

很快，他们就到了卡尔斯库加市的白桦山庄，这里就是诺贝尔故居所在地了。在这里，有一座乳白色的小楼房，房子只有两层，看起来特别不起眼，但却非常有名，这就是诺贝尔的故居了！

穿过白桦林，这里静得出奇，根本不是吉米、映真和花花他们想象中的诺贝尔故居的样子。大胡子叔叔告诉他们诺贝尔晚年就是在这座小楼里度过的，三个人想想，觉得也有道理，这里环境优美，这么安静，确实是个安度晚年的好地方，但他们还是认为这个不起眼的小楼与大名鼎鼎的诺贝尔有点不搭配。

小楼前面有一个鲜艳的花坛，花坛旁边有一个大理石的方形的柱子，柱子上面就是诺贝尔的铜像，看起来有着浓密的胡须，面容显得沧桑，正对着这座小楼，好像是诺贝尔在看着自己的家一样。

推门走进去，首先看到的是宽大的木梯，连接二楼。两边是会客室和工作室，还有一个大餐厅。楼梯口旁边是一个大书柜，里面摆满了图书，一个大大的红木办公桌显得很气派。

再往旁边看，就是卧室了。卧室很小，只有一张单人床，显得有点冷清。在旁边的一个玻璃柜子里摆放着一个石膏面膜，那是诺贝尔逝世时留下的，特别珍贵。

　　诺贝尔的实验室是最大的房间，里面摆满各种各样的实验器材。有一座他在做实验的雕像，神情专注，好像是真人一般。旁边播放一些影片，都是记录诺贝尔实验的景象。从窗户里向外望去，楼后有一个池子，里面的水很清。诺贝尔在累了的时候，也许会望着窗外，借此缓解自己的疲劳吧。

　　整个参观过程中，吉米、映真和花花都没有怎么说话，只是跟在大胡子叔叔身后，用眼睛去看，用心去感悟。他们觉得这个时候说话就是对这位伟大科学家的不尊重。虽然看到的都是一些日常生活的场

景，但是这更有震撼力，让他们感受到了伟大科学家最普通的一面，而这也是最珍贵的。

大胡子叔叔告诉他们，1975年这里建起了纪念馆，里面保留着很多诺贝尔的照片、他的各种专利证书以及各种奖章等。现在，这里已经成为了旅游胜地，每年都会举行诺贝尔学术研讨会，也算是一种纪念诺贝尔的方式。

来之前，他们对诺贝尔不怎

么了解，了解了之后觉得他真是一位伟大的科学家，是了不起的人！正是这样的人，却有着这么简朴的故居，而最豪华的就数办公室和实验室，这对他们三个的震撼是很大的，他们都在心里想着向诺贝尔学习。

离开诺贝尔故居，大家内心久久不能平静，这是他们说话最少的一次，却是受到震撼最大的一次。

第13章　露西亚女神节

"大胡子叔叔，我们来到瑞典，看到了各种精美的建筑，那瑞典有什么特别的传统节日吗？我们也想感受一下瑞典人的文化传统。"吉米、映真和花花向大胡子叔叔表达了他们的想法。

听到三个孩子的想法，大胡子叔叔笑了笑，告诉他们还真是巧，马上就到瑞典的露西亚女神节了，这可是瑞典最传统的节日，正好可以带他们去感受一下。

"大胡子叔叔，赶紧给我们讲一下关于露西亚女神节的事情吧，我们现在就特别想了解。"三个孩子用期待的眼神看着大胡子叔叔，大胡子叔叔就一边喝着咖啡，一边对围在身边的吉米、映真和花花讲起了露西亚女神节的来历。

大胡子叔叔介绍说，瑞典是北欧国家，每年三分

之一的时间都是黑夜，而且寒冷，因此瑞典人们对光非常崇敬。每年到了12月份，就有许多和祈祷光明有关的节日，而露西亚女神节就是其中最著名的、也是最能体现瑞典传统文化的节日，也被成为"迎光节"。

其实露西亚是意大利的圣女，公元4世纪出生，欧洲很多国家都会专门纪念她。瑞典有个传说，有一个善良的少女，她头戴蜡烛花冠，在寒冷的黑夜里，在人们饥寒交迫的时候出现在人们面前，给人们送来了食物，拯救了人们。瑞典人把露西亚与这个少女相结合，创造出了自己的圣露西亚迎光女神，也就有了露西亚女神节。

每到12月13号节日这一天，瑞典的学校和教堂都会出现

很多穿着白色衣服、手里捧着蜡烛的儿童，他们围着同样穿着白色衣服、头上戴着金色蜡烛花冠的美女，一起走在大街上，唱着《圣露西亚之歌》，祈祷光明的到来。

听完大胡子叔叔的话，三个人对露西亚女神节有了很大的期待，心想那肯定是特别热闹的节日吧！

12月13号这一天，吉米、映真和花花跟着大胡子叔叔走到了大街上，果然看到了那些穿白色衣服的儿童和美女走在街道上，嘴里唱着听不懂的歌，非常庄重。

"大胡子叔叔，他们唱的就是《圣露西亚之歌》吗？我们都听不明白瑞典语，不知道歌词是什么意思呢。"虽然听起来

节奏特别美，但是听不懂歌词，孩子们觉得这有点遗憾。

大胡子叔叔看到吉米、映真和花花他们遗憾的眼神，就知道他们在想什么，于是就带着他们回到了住的地方，将歌词的意思翻译给了他们，让他们更好地了解露西亚女神节。

由于在斯德哥摩尔这一天太阳上午九点才升起来，到了下午三点就落下去了。于是，大胡子叔叔带着吉米、映真和花花来到了街上，加入到了当地人的狂欢中去了。

在一个广场上，已经燃起了几大堆篝火，火势很旺，很多当地人都围在篝火旁边跳起了当地的舞蹈，并且口中唱着动听的歌曲。看到这个场景，吉米也很想尝试一下，但是他又觉得一个人去有点孤单，于是拉上映真和

花花，冲进了跳舞的人群中，在温暖的篝火旁，学着当地人跳起舞蹈来。大胡子叔叔也忍不住走了过去，和大家一起跳起来了。看到来了几位外地游客，当地人没有觉得惊讶，倒是非常热情，主动到他们身边，教他们跳当地的舞蹈。

　　跳了很长时间，大家都累了，吉米、映真和花花坐到了旁边，看着那些不知疲倦的当地人继续跳着唱着，好像他们的欢乐也传递给了吉米、映真和花花。正当他们看得出神的时候，一位当地人走了过来，端着专门为节日准备的美酒招待他们。由于吉米、映真和花花都是小孩子，不能喝酒，大

胡子叔叔就愉快地接受了当地人的热情，一饮而尽，也得到了当地人的热情掌声。

虽然天气寒冷，但是人们热情的舞蹈点燃了心中的温暖之火，没有人觉得冷。三个孩子跳舞以后也开始出汗了，这个时候的大胡子叔叔由于喝了当地的美酒，浑身也热乎乎的。当地的人们一直跳到很晚，唱到很晚，最后都带着美好的愿望回家去了。

回到住的地方，吉米、映真和花花还没有从刚才的热情中回过神来，还在相互交流着自己对于这个热闹的夜晚的感受。看到孩子们脸上高兴的表情，大胡子叔叔就知道他们不但玩尽兴了，还亲身感受到了传统节日里的瑞典人的热情，应该是很满意了。

第14章　米勒斯公园的艺术气息

"你们都了解雕刻吗？想要了解的话，我就带你们去一个在瑞典很有名的雕刻家的故居，看看他的雕刻作品，感受一下瑞典的艺术气息。"吉米、映真和花花听到大胡子叔叔

这么说，他们肯定是很想去看一看的，于是就围在大胡子叔叔身边，央求大胡子叔叔带他们去。大胡子叔叔很爽快地答应了，告诉他们要去的是米勒斯公园，他们听到这个名字就知道肯定非常漂亮，都很高兴。

在去米勒斯公园的路上，大胡子叔叔告诉吉米、映真和花花，米勒斯是一个著名的雕塑家，他的主要作品是雕塑喷泉，在欧洲和美国，他一共创作了100多组艺术作品，都非常漂亮。1955年去世以后，人们为了纪念他，在这里建了博物馆，后来又建了公园，里面都是各种雕塑和喷泉，非常漂亮。听了大胡子叔叔的话，三个人已经有点迫不及待想看看

这个公园了。

到了公园，大家被公园的美震撼了！面前就是大海，园里都是各种古典雕塑，而对面却是现代化的建筑，这形成了强烈的视觉对比，更让人感觉到这里浓厚的艺术气息。

岛上的人不多，显得非常安静，更增添了一种安静美。远远地，吉米看到了一个雕塑，一个男孩子两只脚踩在一只巨大的手上，张开双臂，昂着头，向着天空。大胡子叔叔告诉他们，这就是米勒斯很著名的作品——《上帝之手》，就像是公园的广告牌，很远就能看见，非常醒目。雕塑想要表

达的是人站在上帝的手上，抬起头想要和上帝对话，也是对神秘宇宙的一种探索。吉米、映真和花花觉得这是非常形象的雕塑，寓意也很有意思，雕刻非常精美，真的是一件很好的作品！

继续在公园里走着，映真也发现了一组有意思的雕塑，很多人在吹着乐器，每个人都那么逼真，很漂亮！大胡子叔叔告诉他们，这组雕塑的名字叫《吹笛天使》，讲的是小天使们向着人间吹奏着各种乐器，为人们带来优美动听的音乐。看着那些栩栩如生的小天使们，吉米、映真和花花好像突然之间听到了音乐，很美妙的感觉。这组雕塑，结合着喷泉，加上旁边的绿树花草，更让人觉得很有意境。

继续在公园里转，花花也有了发现。她看到一个人骑着马，马很强壮，肌肉线条很明显，正在低着头，张着嘴鸣叫呢！而马上的人也很强壮，身子侧着，方向和马头的方向刚好相反，应该是在控制马，让他听从自己的意愿吧！大胡子叔叔告诉他们，这个雕塑的名字叫《人与飞马》，是这儿雕塑里少有的奇幻主义色彩的作品，它要表达的是对美好生活的向往，也是渴望自由的表现。

大胡子叔叔带着他们又看了许多精美的雕塑。有跳舞的女孩子，两个人配合默契，动作恰到好处，舞姿非常优美，看过以后都让人有想跳舞的冲动了。还有骑着骆驼的人、昂首奔腾的各种动物，每一件都是那么精美，表现得活灵活现，真不愧是大师的作品！吉米、映真和花花对这些雕塑都是赞不绝口，他们也许不是非常懂，但是每个雕塑都给人以美感，非常难得！

大胡子叔叔带着大家仔细转了整个公园，精美的雕塑作品，加上优雅的环境，让三个孩子感受到了艺术和生活的完美结合。在这里，每个角落都能感受到艺术的气息，这也正是这里的可贵之处。

接着，大胡子叔叔带着他们去了博物馆，也就是以前的米勒斯工作室，看到了很多石膏像，那是作品雕塑之前做成的，也很精美。在工作室里，他们还看到了一些小件的雕塑作品，还有很多米勒斯从世界各地收藏的精美雕塑作品，每一件都透露着浓浓的艺术气息，让他们感受着艺术的魅力。

大胡子叔叔看到孩子们看得这么认真，就知道他们肯定是很喜欢这些雕塑作品的，这也是他希望看到的。来到这里，孩子们不但欣赏了精美的作品，了解了著名雕塑家的故事，而且感受到了作品背后的艺术气息，真的是受益匪浅！

第15章　　环保城市——韦克舍

　　"你们几个人都过来，我要带你们去一个非常特别的地方，这个地方叫韦克舍，我要带你们去看一看这里最有名的节能房屋。"大胡子叔叔招呼吉米、映真和花花来到自己的身边，告诉他们下一步去哪里。

三个孩子听到大胡子叔叔说去韦克舍，猜想那里的房屋肯定和别的地方的房屋不同，要不怎么说很特别呢！大胡子叔叔的话激发了三个孩子探求的欲望，他们就赶紧准备了一下，跟着大胡子叔叔上路了。

　　为了更好地让吉米、映真和花花感受一下"节能"的理念，大胡子叔叔这次带他们坐的是采用清洁生物能源的火车。大胡子叔叔在火车上告诉孩子们，瑞典人很注重环保，公共交通工具基本上都是采用环保能源，而不是石油等化石燃料，在这一点上，韦克舍做得特别成功，他们那里的房子都是节能型的，这一点让韦克舍世界闻名，每年都有大批来自世界各地的考察团来这里考察，学习这里先进的节能经验和技术。

　　吉米、映真和花花想了解更多关于韦克舍的知识，大胡子叔叔就在火车上给他们讲起了韦克舍。

　　大胡子叔叔说，韦克舍是瑞典南部的一个小城市，人口只有五六万，坐落在韦克舍湖旁边，风景优美。这是一个古老的城市，公元11世纪，这里就开始建设城市了。韦克舍在瑞典语里是"路"和"湖"的意思，韦克舍就是韦克舍湖上的道路的意思。

　　听大胡子叔叔这么说，孩子们知道了城市名字的由来，对于这座美丽的小城市他们有了更多的期待。

　　很快就到了韦克舍，大胡子叔叔带着三个孩子走在韦克舍

清洁生物能源

　　的街道上，亲身去感受小城市的魅力，去体验这里这些年来经过努力的可持续发展的成果。

　　韦克舍的街道很安静，街道上都是高大的树木，偶尔会看到一些骑自行车的年轻人，或者在悠闲散步的老年人，很少能看到汽车。走到一个公交站点的时候，大胡子叔叔带着吉米、映真和花花上了公交车，他要他们体验一下采用清洁生物能源的公交车。孩子们觉得坐在这样的公交车里，噪音更小，更加舒适，确实是非常好的选择。

　　走在街道上，大胡子叔叔告诉他们，20年前韦克舍政府就实施了"无化石燃料"工程，这样做是为了将韦克舍真正地建

成一座不需要煤炭、石油和天然气等化石燃料的环保城市。为了能够确保这个项目顺利实施，政府专门成立了环境管理的部门，专门管理环保节能项目的款项，最大限度保证了项目的顺利实施。

经过多年的努力，现在的韦克舍真的成为了清洁城市的典型，并且得到了世界各地的认可，每年世界各国无数考察团的到访就是对他们的最大肯定。

大胡子叔叔说，为了更好地发展环保事业，韦克舍政府专门开设了环保和节能项目的介绍会，参加会议的考察团需要交纳一定费用，而这些费用将直接用于韦克舍环保事业，这也是一种不错的选择。吉米、映真和花花突然觉得韦克舍人还真是聪明呢，这对他们的环保事业的发展也是很有帮助的，这个做法很不错。

大胡子叔叔带着吉米、映真和花花来到了一户韦克舍居民家里，想要参观一下他们的节能型房屋。得知了他们的来意后，主人热情地将他们迎进屋里，带着他们参观了整个屋子，并且告诉他们现在当地人冬季供暖采用的不是天然气、煤炭等，而是一种碎木渣制成的燃料，他们洗澡用水也都是采用太阳能和生物能源加热。看到这些节能型的房子，吉米、映真和花花都觉得特别棒，要是全世界都是这种房子，那得节省多少能源呀，也会让整个世界更环保，更美丽！

　　看到这里漂亮的房子和湖边美景，他们都觉得当地人的努力是值得的，在这里根本看不到化石燃料产生的烟尘，天空特别蓝，蓝得让人觉得好像不是真的似的。

　　虽然时间很短，但是吉米、映真和花花亲身体验了韦克舍的节能和环保的成果，都觉得这里的做法值得学习和推广。通过韦克舍之旅，他们对瑞典人的环保理念有了一个初步的认识，收获很大。

第16章　美食的诱惑

　　这些天下来，大胡子叔叔带着吉米、映真和花花去了很多地方，不但感受到了瑞典各地的文化传统，而且品尝了非常多的美食。终于可以有时间了，大胡子叔叔把几个人喊到了自己身边，想听听他们对于瑞典美食的看法，并且想知道他们最喜欢的瑞典美食是什么。

　　"我对那个瑞典肉丸很有印象，吃起来特别松软，但是很有嚼劲，非常好吃。"吉米

首先说出了自己印象深刻的美食。

"我倒是对那个豌豆汤印象比较深，搭配着烤面包片，吃起来回味无穷。我觉得这个应该是瑞典比较有代表性的美食吧。"映真也不甘落后，吉米刚说完，他就插话了，说出了自己的看法。

"我觉得那个土豆饺子很好，和中国的豆包非常像。吃的时候，加上一些黄油和奶油，非常可口，要是再有一些红莓果酱就更好了！"花花说出了自己认为不错的美食，而且还联想到了中国的豆包，她觉得很得意，昂起头看着大家。

大胡子叔叔听到三个孩子都说出了自己喜欢的美食，很高兴，他们每个人都有自己不同的口

味，这是件很好的事情。

　　"你们知道瑞典肉丸是怎么制作的吗？"大胡子叔叔的这句话可把吉米、映真和花花难住了，他们只是顾着吃，但是没有想过制作方法啊。

　　大胡子叔叔告诉他们，瑞典肉丸基本上可以说是最能够代表瑞典特色的美食了。瑞典肉丸的面是用牛奶泡软的，并且在加入剁碎的牛肉沫和各种调料搅拌的时候，也不断加入牛奶，然后挤成丸子，放到油锅里炸，捞出来，再加上各种调料，焖熟。在吃的时候，搭配一些煮熟的土豆、各种果酱，吃起来就更有瑞典风味了，有时候也会搭配腌制的鲜

黄瓜，味道更好。瑞典肉丸已经走向了全世界，在很多大城市都有地道的餐厅可以吃到这道美食。

豌豆汤相对比较简单，最主要是加入各种调料的时机要把握好，火候也很重要。土豆饺子则是用土豆粉包裹住洋葱和各种肉馅，蒸制而成的美味。

大胡子叔叔简单讲解了一下三个人所说的有代表性的瑞典美食的做法。然后继续和他们聊天。

吉米、映真和花花围在大胡子叔叔身边，聊了很多关于瑞典美食的话题。其实，他们也非常想了解一下瑞典人的饮食文化，于是

就向大胡子叔叔请教。

　　大胡子叔叔介绍说，在瑞典的农村午餐是最丰富的，而在城市晚餐是最隆重的。和朋友在一起吃饭的时候，通常都是比较随意的，主人也会说一些欢迎的话，然后才开始吃饭。

　　在瑞典，吃饭的时候，餐桌上的食物可以随意取用，但是自己盘子里的食物要吃完，要是盘子里还有剩菜，那是一种很不礼貌的行为。同时，瑞典有各种特色凉菜，他们吃的也比较简单，饮食文化中的简单环保的理念印在每个瑞典人的心中。

　　听完大胡子叔叔简单的介绍，吉米、映真和花花对瑞典的饮食文化有了初步的了解，他们对于瑞典也有了一些更新的认识。

在来瑞典之前，吉米、映真和花花原本以为瑞典不会有什么让人惊奇的地方。但是经过这么久的游览，他们发现自己错了，瑞典有自己独特的地方，有许多著名的景点，有吸引人的传统文化和节日，还有各种美食，更有很多让他们意想不到的神奇经历，这让他们觉得这次瑞典之行真是的太有意义了。

　　大胡子叔叔告诉吉米、映真和花花，他们的瑞典之行暂时告一段落，要回家了。出来了这么长时间，他们还真是有点想家了，听到准备回家的消息，三个孩子都很高兴。大家回到自己的房间，收拾了一下东西，就跟着大胡子叔叔来到了机场。

　　飞机起飞了，看着下面美丽的瑞典，吉米、映真和花花都在心里默默地说着"瑞典再见！我们会再回来的！"在飞机上，几个人都累了，慢慢进入了梦乡……